Bilingual Tales: Swedish & English Stories for Kids

Coledown Bilingual Books

Published by Coledown Bilingual Books, 2023.

While every precaution has been taken in the preparation of this book, the publisher assumes no responsibility for errors or omissions, or for damages resulting from the use of the information contained herein.

BILINGUAL TALES: SWEDISH & ENGLISH STORIES FOR KIDS

First edition. September 8, 2023.

ISBN: 979-8223985532

Written by Coledown Bilingual Books.

Table of Contents

Den Lilla Björnen och Regnbågens Hemlighet 1

The Little Bear and the Secret of the Rainbow 3

Den Lilla Ekorren som Ville Hjälpa 5

The Little Squirrel Who Wanted to Help 7

Den Magiska Fjärilen 9

The Magical Butterfly 11

Den Lilla Grodan och Månskenets Hemlighet 13

The Little Frog and the Secret of Moonlight 15

Det Lilla Trädet som Drömde om Himlen 17

The Little Tree that Dreamed of the Sky 19

Den Modiga Myran och Honungsfällan 21

The Brave Ant and the Honey Trap 23

Den Magiska Fjäderdräkten 25

The Magical Feathered Suit 27

Den Förtrollade Boken 29

The Enchanted Book 31

Den Glömda Musiken 33

The Forgotten Music 35

Den Magiska Trädgården 37

The Magical Garden 39

Den Modiga Lilla Fjärilen 41

The Brave Little Butterfly 43

Den Lilla Stjärnans Dröm 45

The Little Star's Dream 47

Den Modiga Draken 49

The Brave Dragon 51

Den Magiska Djungelresan 53

The Magical Jungle Journey 55

Den Lilla Björnen och Regnbågens Hemlighet

Det var en gång en liten björn som hette Björne. Björne älskade att utforska skogen och upptäcka nya saker varje dag. En solig morgon bestämde sig Björne för att gå på ett äventyr.

Han vandrade längs stigen, hoppade över stenar och snubblade över rötter. Plötsligt, när han kom till en glänta, såg han något otroligt. Uppe på himlen fanns en vacker regnbåge! Björne hade aldrig sett något liknande förut.

"Wow!" utropade Björne. "Vad är det här? Det ser ut som en bro av färger."

Björne bestämde sig för att följa regnbågen för att ta reda på vart den ledde. Han sprang så snabbt han kunde, men regnbågen var alltid en bit längre bort. Björne gav inte upp. Han fortsatte att springa och springa.

Till sist, efter en lång resa, kom Björne till regnbågens ände. Där fanns något ännu mer fantastiskt - en vacker trädgård full av blommor i alla regnbågens färger.

Björne stannade upp och tittade runt. Han kunde inte sluta le. Han plockade blommor och lade dem i sin ryggsäck. Sedan satt han ner under ett stort träd och tänkte på sin underbara dag.

Plötsligt hörde han en röst. "Hej där, Björne!"

Björne vände sig om och såg en glad skogsnymf som heter Nova. "Vem är du?" frågade Björne nyfiket.

"Jag är Nova," svarade skogsnymfen. "Jag bor här i regnbågens trädgård. Den här platsen är en hemlighet, och du är den första björnen som har hittat den."

Björne och Nova blev snabbt vänner. De tillbringade hela dagen med att leka, dansa och utforska trädgården tillsammans. Björne visste att han hade hittat något mycket speciellt.

När det var dags för Björne att gå hem, sa han adjö till Nova och regnbågens trädgård. Han visste att han alltid kunde återvända till denna magiska plats när han längtade efter äventyr och färger.

Och så, med ett hjärta fyllt av glädje och en ryggsäck full av blommor, gick Björne tillbaka genom skogen, redo för nya äventyr och med en hemlighet som han skulle bära med sig för resten av sitt liv.

The Little Bear and the Secret of the Rainbow

Once upon a time, there was a little bear named Björne. Björne loved to explore the forest and discover new things every day. One sunny morning, Björne decided to go on an adventure.

He walked along the trail, hopped over rocks, and stumbled over roots. Suddenly, when he reached a clearing, he saw something incredible. Up in the sky was a beautiful rainbow! Björne had never seen anything like it before.

"Wow!" exclaimed Björne. "What is this? It looks like a bridge of colors."

Björne decided to follow the rainbow to find out where it led. He ran as fast as he could, but the rainbow was always a bit further away. Björne didn't give up. He kept running and running.

Finally, after a long journey, Björne reached the end of the rainbow. There was something even more amazing there - a beautiful garden full of flowers in all the colors of the rainbow.

Björne stopped and looked around. He couldn't stop smiling. He picked flowers and put them in his backpack. Then he sat down under a big tree and thought about his wonderful day.

Suddenly, he heard a voice. "Hello there, Björne!"

Björne turned around and saw a cheerful forest nymph named Nova. "Who are you?" asked Björne curiously.

"I am Nova," replied the forest nymph. "I live here in the rainbow's garden. This place is a secret, and you are the first bear to have found it."

Björne and Nova quickly became friends. They spent the whole day playing, dancing, and exploring the garden together. Björne knew he had found something very special.

When it was time for Björne to go home, he said goodbye to Nova and the rainbow's garden. He knew he could always return to this magical place whenever he longed for adventure and colors.

And so, with a heart full of joy and a backpack full of flowers, Björne walked back through the forest, ready for new adventures and with a secret he would carry with him for the rest of his life.

Den Lilla Ekorren som Ville Hjälpa

Det var en solig dag i skogen, och alla djur var upptagna med sina sysslor. Mitt i alltihop fanns en liten ekorre som hette Lilla Nöt. Lilla Nöt var mycket nyfiken och älskade att hjälpa till.

En dag hörde Lilla Nöt ett sorgligt ljud. Det kom från en hög sten där en fågel satt fast. Fågeln hade trasslat in sina vingar i en gren och kunde inte flyga.

Lilla Nöt skyndade sig fram till stenen. "Hej där," sa han mjukt. "Kan jag hjälpa dig?"

Fågeln såg rädd ut och nickade tyst. Lilla Nöt började försiktigt att lossa grenen från fågelns vingar. Det tog en stund, men till sist var fågeln fri.

"Framgång!" utropade Lilla Nöt glatt. "Nu kan du flyga igen."

Fågeln kände sig så tacksam och sjöng en vacker sång för Lilla Nöt. Det var den vackraste sången Lilla Nöt någonsin hade hört.

Så fortsatte Lilla Nöt att hjälpa andra djur i skogen. Han hjälpte en hare att hitta sina borttappade morötter och en ekorre att bygga ett varmt bo. Han var alltid där när någon behövde honom.

Snart blev Lilla Nöt känd som den mest hjälpsamma ekorren i hela skogen. Djuren kom från alla håll och kanter för att be om hans hjälp.

Men Lilla Nöt insåg något viktigt. Han hade lärt sig att hjälpa andra, och det gjorde honom glad. Han insåg att det inte spelade någon roll hur liten eller stor man var, man kunde alltid göra en positiv skillnad.

Så Lilla Nöt fortsatte att hjälpa och sprida glädje i skogen. Och skogen blev en ännu bättre plats tack vare den lilla ekorren som ville hjälpa.

The Little Squirrel Who Wanted to Help

It was a sunny day in the forest, and all the animals were busy with their tasks. In the midst of it all, there was a little squirrel named Little Nut. Little Nut was very curious and loved to help.

One day, Little Nut heard a sad sound. It was coming from a tall rock where a bird was stuck. The bird had tangled its wings in a branch and couldn't fly.

Little Nut hurried over to the rock. "Hello there," he said softly. "Can I help you?"

The bird looked frightened and nodded silently. Little Nut began gently freeing the branch from the bird's wings. It took a while, but eventually, the bird was free.

"Success!" exclaimed Little Nut joyfully. "Now, you can fly again."

The bird felt so grateful and sang a beautiful song for Little Nut. It was the most beautiful song Little Nut had ever heard.

So, Little Nut continued to help other animals in the forest. He helped a rabbit find its lost carrots and a squirrel build a warm nest. He was always there when someone needed him.

Soon, Little Nut became known as the most helpful squirrel in the entire forest. Animals came from all around to ask for his assistance.

But Little Nut realized something important. He had learned to help others, and it made him happy. He realized that it didn't matter how small or big you were; you could always make a positive difference.

So, Little Nut continued to help and spread joy in the forest. And the forest became an even better place thanks to the little squirrel who wanted to help.

Den Magiska Fjärilen

———

I en skog långt borta fanns det en plats som kallades Fjärilsskogen. Det var en plats där magi flödade fritt, och alla djuren visste att något speciellt kunde hända när som helst.

En dag, när solen glittrade genom träden, föddes en fjäril i Fjärilsskogen. Denna fjäril hade vackra vingar som glittrade i alla regnbågens färger. Djuren i skogen visste direkt att det var något alldeles särskilt med denna fjäril.

Fjärilen flög runt i skogen och spridde glädje överallt den gick. Den kunde göra de tråkigaste dagarna ljusare med bara en vingslag. Djuren samlades runt den för att beundra dess skönhet och magiska förmågor.

Men Fjärilsskogen var inte bara fylld av glädje. Det fanns också faror, som en ondsint fågel som ville fånga den magiska fjärilen och ta dess krafter för sig själv. Fjärilen visste om denna fara, men den var inte rädd.

En dag när den ondsinta fågeln närmade sig, öppnade fjärilen sina vackra vingar och lyste upp skogen med sitt strålande sken. Detta ljus var så kraftfullt att fågeln tvingades fly och aldrig återvända.

Djuren i Fjärilsskogen jublade och tackade den magiska fjärilen. De visste att den hade räddat dem från en farlig fiende. Fjärilen log och sa att den bara gjorde det som var rätt.

Sedan fortsatte den magiska fjärilen att sprida glädje och skönhet i Fjärilsskogen. Den visste att även om magi var en del av det som gjorde den speciell, så var det viktigaste att använda sin kraft för att skydda och glädja de som fanns omkring den.

Och så fortsatte Fjärilsskogen att vara en plats där magi flödade fritt, tack vare den magiska fjärilen och dess hjärta fyllt av godhet.

The Magical Butterfly

In a forest far away, there was a place called Butterfly Forest. It was a place where magic flowed freely, and all the animals knew that something special could happen at any moment.

One day, when the sun was sparkling through the trees, a butterfly was born in Butterfly Forest. This butterfly had beautiful wings that sparkled in all the colors of the rainbow. The animals in the forest immediately knew that there was something truly special about this butterfly.

The butterfly flew around the forest, spreading joy wherever it went. It could make the gloomiest days brighter with just a flap of its wings. The animals gathered around it to admire its beauty and magical abilities.

But Butterfly Forest was not just filled with joy. There were also dangers, like a wicked bird that wanted to capture the magical butterfly and take its powers for itself. The butterfly was aware of this danger, but it was not afraid.

One day, when the wicked bird approached, the butterfly opened its beautiful wings and illuminated the forest with its radiant light. This light was so powerful that the bird was forced to flee and never return.

The animals in Butterfly Forest rejoiced and thanked the magical butterfly. They knew that it had saved them from a dangerous foe. The butterfly smiled and said it had only done what was right.

Then the magical butterfly continued to spread joy and beauty in Butterfly Forest. It knew that even though magic was a part of what made it special, the most important thing was to use its power to protect and bring happiness to those around it.

And so, Butterfly Forest continued to be a place where magic flowed freely, thanks to the magical butterfly and its heart filled with kindness.

Den Lilla Grodan och Månskenets Hemlighet

Det var en lugn kväll vid dammen mitt i skogen. Månen kastade sitt mjuka sken över vattnet och skapade en magisk atmosfär. I dammen bodde en liten groda som hette Gustav. Gustav älskade att sitta vid vattnet och titta på stjärnorna.

En natt när månen var extra ljus och stjärnorna gnistrade som diamanter, hörde Gustav en sorgsen sång. Han följde sången till en liten ö mitt i dammen. Där satt en ensam och ledsen uggleunge.

"Varför är du så sorgsen?" frågade Gustav.

Uggleungen snyftade och sa, "Jag vill flyga upp till stjärnorna som min mamma och pappa gör varje natt, men jag kan inte. Jag kan inte flyga ännu."

Gustav kände medlidande med uggleungen. Han tänkte på något och sa, "Vänta här, jag ska hjälpa dig."

Gustav hoppade i vattnet och simmade bort till en vattenlilja. Han plockade försiktigt några av sina mjuka blad och kom sedan tillbaka till uggleungen. Han stack ner vattenliljans blad i marken och sa, "Stig upp här, och jag ska ta dig till stjärnorna."

Uggleungen tittade skeptiskt på vattenliljan men tänkte att det inte kunde skada. Han klättrade upp och lät Gustav skjutsa honom mot stjärnorna.

När de nådde höjden kände uggleungen en känsla av lycka. Han skrattade och utbrast, "Det är underbart!"

Gustav log och sa, "Du kan inte flyga ännu, men du kan fortfarande vara nära stjärnorna."

Uggleungen och Gustav tillbringade natten tillsammans på vattenliljan, tittade på stjärnorna och pratade om sina drömmar. Det var en magisk natt som de aldrig skulle glömma.

Sedan, när morgonen grydde och solen började stiga, sade uggleungen farväl till Gustav och hoppade ner till ön igen. Han var inte längre sorgsen, för han visste nu att han kunde vara nära stjärnorna på sitt eget sätt.

Gustav simmade tillbaka till kanten av dammen och fortsatte att titta på stjärnorna. Han visste att vattenliljans hemlighet var att man kunde dela magin av stjärnorna med andra, även om de inte kunde flyga till dem. Och så satt han där, nöjd med att ha hjälpt en vän att nå stjärnorna på en alldeles speciell natt.

The Little Frog and the Secret of Moonlight

It was a peaceful evening by the pond in the middle of the forest. The moon cast its gentle light over the water, creating a magical atmosphere. In the pond lived a little frog named Gustav. Gustav loved to sit by the water and gaze at the stars.

One night, when the moon was exceptionally bright and the stars sparkled like diamonds, Gustav heard a sorrowful song. He followed the song to a small island in the middle of the pond. There sat a lonely and sad owl chick.

"Why are you so sad?" asked Gustav.

The owl chick sniffled and said, "I want to fly up to the stars like my mom and dad do every night, but I can't. I can't fly yet."

Gustav felt compassion for the owl chick. He thought for a moment and said, "Wait here, I'll help you."

Gustav jumped into the water and swam over to a water lily. He carefully plucked some of its soft leaves and then returned to the owl chick. He stuck the water lily's leaves into the ground and said, "Climb up here, and I'll take you to the stars."

The owl chick looked skeptically at the water lily but thought it couldn't hurt to try. He climbed up and let Gustav push him toward the stars.

As they reached the height, the owl chick felt a sense of joy. He laughed and exclaimed, "It's wonderful!"

Gustav smiled and said, "You can't fly yet, but you can still be close to the stars."

The owl chick and Gustav spent the night together on the water lily, gazing at the stars and talking about their dreams. It was a magical night they would never forget.

Then, as the morning dawned and the sun began to rise, the owl chick bid farewell to Gustav and jumped back to the island. He was no longer sad, for he now knew that he could be near the stars in his own way.

Gustav swam back to the edge of the pond and continued to gaze at the stars. He knew that the water lily's secret was that you could share the magic of the stars with others, even if they couldn't fly to them. And so, he sat there, content with having helped a friend reach the stars on a very special night.

Det Lilla Trädet som Drömde om Himlen

Långt inne i en frodig skog fanns det ett litet träd som hette Linnea. Linnea var inte som de andra träden i skogen. Hon var inte nöjd med att bara stå på samma plats och växa. Linnea hade en dröm, en dröm om att nå himlen.

Varje dag tittade Linnea upp mot den stora, blå himlen genom lövverket ovanför. Hon såg fåglarna flyga fritt och fluffiga moln som seglade förbi. Linnea ville vara där uppe, bland stjärnorna och månen.

Linnea började växa högre och starkare än de andra träden i skogen. Hon sträckte sig mot himlen med all sin kraft. Men inget tycktes räcka. Linnea ville klättra högre och högre.

En dag hörde Linnea en vis manlig ek på andra sidan skogen. Han sa att han hade en hemlighet om hur man kunde nå himlen. Linnea skyndade sig till honom och bad honom om sanningen.

Den visemanliga eken log och sa: "Himlen är inte bara ovanför dig, den finns också inom dig. Om du tror på din dröm och om du älskar skogen där du hör hemma, kommer du att uppleva himlen på ditt eget sätt."

Linnea funderade på de visemanliga ekens ord. Hon insåg att hon älskade skogen och att hennes dröm om himlen inte betydde att hon skulle lämna den bakom sig.

Så Linnea fortsatte att växa, inte för att fly till himlen, utan för att vara en del av skogen som hon älskade. Hon lärde sig att se skogens skönhet, känna vinden som viskade genom träden och glädjas åt skogen som hennes hem.

Och på nätterna när stjärnorna och månen lyste upp himlen, visste Linnea att hon hade nått sin dröm på sitt eget sätt. Hon hade funnit sin plats i skogen och upplevde himlen genom kärleken till sitt hem.

Och så stod Linnea där, stark och stolt, som en del av skogens underbara liv, med himlen som en del av henne själv och en dröm som hade gått i uppfyllelse på det mest magiska sättet.

The Little Tree that Dreamed of the Sky

Deep within a lush forest, there was a small tree named Linnea. Linnea was not like the other trees in the forest. She wasn't content with just standing in the same spot and growing. Linnea had a dream, a dream of reaching the sky.

Every day, Linnea looked up at the vast blue sky through the canopy above. She saw the birds soaring freely and fluffy clouds drifting by. Linnea wanted to be up there, among the stars and the moon.

Linnea began to grow taller and stronger than the other trees in the forest. She stretched toward the sky with all her might. But nothing seemed to be enough. Linnea wanted to climb higher and higher.

One day, Linnea heard a wise old oak tree on the other side of the forest. He said he had a secret about how to reach the sky. Linnea hurried to him and asked him for the truth.

The wise oak tree smiled and said, "The sky is not just above you; it's also within you. If you believe in your dream and if you love the forest where you belong, you will experience the sky in your own way."

Linnea pondered the wise oak's words. She realized she loved the forest and that her dream of the sky didn't mean she had to leave it behind.

So Linnea continued to grow, not to escape to the sky but to be a part of the forest she loved. She learned to see the beauty of the forest, feel the wind whispering through the trees, and rejoice in the forest as her home.

And on nights when the stars and the moon illuminated the sky, Linnea knew she had reached her dream in her own way. She had found her place in the forest and experienced the sky through her love for her home.

And so, Linnea stood there, strong and proud, as a part of the forest's wonderful life, with the sky as a part of herself and a dream that had come true in the most magical way.

Den Modiga Myran och Honungsfällan

Det var en sommardag i myrkolonin, och alla myror var upptagna med att samla mat. Alla utom en, en liten myra vid namn Malva. Malva var nyfiken och äventyrlig, och hon letade alltid efter nya saker att utforska.

En dag hittade Malva något underligt när hon var ute på sin vandring. Det var en glittrande kruka med något gyllene inuti. Malva var nyfiken och gick närmare för att undersöka.

När hon kom närmare märkte hon en söt doft som kom från krukan. Det var honung! Malva kunde inte motstå frestelsen av den goda doften och klättrade ner i krukan för att smaka på honungen.

Men när Malva var nere i krukan, insåg hon att hon inte kunde komma upp igen. Krukans sidor var för branta, och hon hade fastnat. Malva började känna sig rädd.

När de andra myrorna i kolonin märkte att Malva var försvunnen, började de leta efter henne. De följde spåren av hennes små fotspår och hittade till slut krukan.

Malvas vänner insåg snabbt vad som hade hänt. De förstod att Malva hade fastnat i krukan med honung. De kunde höra henne ropa om hjälp.

En modig myra vid namn Elias tänkte snabbt. Han hittade ett litet löv och använde det som en båt för att komma ner till Malva. Han sade, "Håll fast i lövet, Malva! Vi ska få dig upp härifrån."

Malva höll fast i lövet, och Elias drog henne upp ur krukan med all sin styrka. När hon var säker och ljud, kramade de andra myrorna henne och sa hur oroliga de hade varit.

Malva insåg att hennes nyfikenhet hade fört henne till fara, och hon bad om förlåtelse för att ha orsakat oro. Men de andra myrorna sa att de förstod hennes äventyrslusta och att de skulle vara mer försiktiga i framtiden.

Från den dagen var Malva inte längre den enda äventyrslystna myran i kolonin. Alla myror insåg att det var viktigt att vara nyfikna och utforska, men också att vara försiktiga och hjälpa varandra när det behövdes.

Så fortsatte myrkolonin med sina dagliga äventyr, med Malva som en ännu modigare och klokare myra än tidigare, redo att utforska världen med sina vänner vid sin sida.

The Brave Ant and the Honey Trap

It was a summer day in the ant colony, and all the ants were busy gathering food. All except one, a little ant named Malva. Malva was curious and adventurous, always looking for new things to explore.

One day, while Malva was out on her journey, she found something peculiar. It was a glittering jar with something golden inside. Malva was curious and approached to investigate.

As she got closer, she noticed a sweet scent emanating from the jar. It was honey! Malva couldn't resist the temptation of the delicious aroma and climbed into the jar to taste the honey.

However, once Malva was inside the jar, she realized that she couldn't get back out. The sides of the jar were too steep, and she was trapped. Malva started to feel scared.

When the other ants in the colony noticed that Malva was missing, they began to search for her. They followed the trail of her tiny footprints and eventually found the jar.

Malva's friends quickly realized what had happened. They understood that Malva had gotten stuck in the jar with honey. They could hear her calling for help.

A brave ant named Elias acted swiftly. He found a small leaf and used it as a boat to descend into the jar. He said, "Hold onto the leaf, Malva! We'll get you out of here."

Malva held onto the leaf, and Elias pulled her out of the jar with all his strength. Once she was safe and sound, the other ants hugged her and expressed how worried they had been.

Malva realized that her curiosity had led her into danger, and she apologized for causing concern. But the other ants said that they understood her adventurous spirit and that they would all be more cautious in the future.

From that day on, Malva was no longer the only adventurous ant in the colony. All the ants realized the importance of being curious and exploring, but also of being careful and helping each other when needed.

So, the ant colony continued with its daily adventures, with Malva being an even braver and wiser ant than before, ready to explore the world with her friends by her side.

Den Magiska Fjäderdräkten

I en by vid foten av ett majestätiskt berg bodde en ung pojke som hette Erik. Erik hade alltid drömt om att klättra upp på berget och se världen från toppen. Men berget var högt och farligt, och alla sa att det var omöjligt att nå dess topp.

En dag, när Erik gick längs en skogsstig, hörde han en mystisk sång. Ljudet verkade komma från skogsbrynet. När han närmade sig upptäckte han en skogsälva som sjöng under en blommande körsbärsblomma.

Skogsälvan tystnade när hon såg Erik och sade, "Jag har hört om din dröm, Erik. Jag har en present till dig som kan hjälpa dig att nå toppen av berget."

Erik var förvånad. "Vad är det för present?" frågade han nyfiket.

Skogsälvan log och visade honom en vacker fjäderdräkt som glittrade i alla regnbågens färger. "Detta är en magisk fjäderdräkt," förklarade hon. "När du bär den, kommer du att kunna flyga som en fågel."

Erik kunde knappt tro sina öron. Han klädde på sig den magiska fjäderdräkten och började sväva över skogen. Det var som en dröm som blev sann. Han flög högre och högre tills han nådde bergets topp.

Där uppe på berget fick Erik en otrolig utsikt över hela världen. Han såg gröna skogar, glittrande sjöar och fjärran bergstoppar. Han kände sig som kungen av världen.

Men snart insåg Erik att han inte längre behövde fjäderdräkten för att uppnå sin dröm. Han förstod att sann kraft låg inom honom själv och att han hade modet och beslutsamheten att klättra upp på berget utan hjälp från magi.

Så Erik tog av sig den magiska fjäderdräkten och sa farväl till skogsälvan. Han började klättra ner från berget till fots, och det var den mest givande resan i hans liv.

När han återvände till byn berättade han sin historia för alla, och de beundrade hans mod och beslutsamhet. Erik insåg att det var modet att följa sina drömmar och tro på sig själv som var den verkliga magin i livet.

Och så levde Erik resten av sitt liv som en sann äventyrare, med berget som en vänlig påminnelse om att ingenting är omöjligt när man har modet att tro på sig själv.

The Magical Feathered Suit

In a village at the base of a majestic mountain lived a young boy named Erik. Erik had always dreamed of climbing the mountain and seeing the world from its peak. However, the mountain was high and treacherous, and everyone said it was impossible to reach its summit.

One day, as Erik walked along a forest path, he heard a mysterious song. The sound seemed to be coming from the edge of the woods. As he approached, he discovered a forest fairy singing beneath a blossoming cherry blossom tree.

The forest fairy fell silent when she saw Erik and said, "I have heard of your dream, Erik. I have a gift for you that can help you reach the top of the mountain."

Erik was astonished. "What is this gift?" he asked curiously.

The forest fairy smiled and showed him a beautiful feathered suit that glittered in all the colors of the rainbow. "This is a magical feathered suit," she explained. "When you wear it, you will be able to fly like a bird."

Erik could hardly believe his ears. He put on the magical feathered suit and began to soar above the forest. It was like a dream come true. He flew higher and higher until he reached the summit of the mountain.

At the top of the mountain, Erik had an incredible view of the entire world. He saw green forests, glistening lakes, and distant mountain peaks. He felt like the king of the world.

But soon, Erik realized that he no longer needed the feathered suit to achieve his dream. He understood that true power lay within himself and that he had the courage and determination to climb the mountain without the help of magic.

So Erik took off the magical feathered suit and bid farewell to the forest fairy. He began to descend the mountain on foot, and it was the most rewarding journey of his life.

When he returned to the village, he shared his story with everyone, and they admired his courage and determination. Erik realized that the courage to follow one's dreams and believe in oneself was the real magic of life.

And so, Erik lived the rest of his life as a true adventurer, with the mountain as a friendly reminder that nothing is impossible when you have the courage to believe in yourself.

Den Förtrollade Boken

—

I en gammal by, gömd mellan täta skogar och gröna ängar, fanns det en mystisk bok. Boken hade inget namn och låg bortglömd i byns antika bibliotek. Ingen vågade öppna den, för det ryktades om att den var förtrollad.

En kväll när månen lyste över byn, kände en ung flicka vid namn Isabella sig modig. Hon hade alltid varit nyfiken på den förtrollade boken och ville ta reda på dess hemlighet. Så, med hjärtat fyllt av äventyrslust, smög hon sig in i biblioteket.

Isabella hittade boken och öppnade den försiktigt. Inuti fanns sidor täckta med glittrande ord som bildade en berättelse om en magisk värld. Berättelsen drog henne in, och hon kände sig som om hon själv var en del av den.

När Isabella fortsatte att läsa, förvandlades boken till en portal, och hon hittade sig själv i den förtrollade världen. Här fanns talande djur, dansande träd och sjungande floder. Allt var lekfullt och underbart.

Isabella tillbringade dagarna med att utforska den förtrollade världen, och nätterna med att förlora sig i bokens äventyr. Hon lärde sig magi från de magiska varelserna och förstod att boken hade en särskild kraft.

Men med tiden började Isabella sakna sin familj och vänner i byn. Hon insåg att hon måste hitta en väg tillbaka hem. Efter många försök upptäckte hon att genom att slutföra en sista uppgift i boken skulle hon kunna återvända.

Isabella samlade all sin kunskap och mod, utförde uppgiften och öppnade en portal tillbaka till byn. När hon kom tillbaka, var hon rik på erfarenheter och visdom från den förtrollade världen.

Byborna kunde inte tro sina ögon när de såg henne återvända från den mystiska boken. De insåg att Isabella hade utfört det omöjliga och övervunnit förtrollningen.

Isabella delade med sig av sina äventyr och den visdom hon hade fått från den förtrollade världen. Boken, som en gång hade varit förtrollad och bortglömd, blev nu en skatt i byns bibliotek.

Så fortsatte byn att leva i fred, med Isabellas äventyr som en påminnelse om att mod, nyfikenhet och visdom kan bryta förtrollningar och skapa mirakel.

The Enchanted Book

In an old village, hidden amidst dense forests and green meadows, there was a mysterious book. The book had no name and lay forgotten in the village's ancient library. No one dared to open it, for it was rumored to be enchanted.

One evening when the moon was shining over the village, a young girl named Isabella felt brave. She had always been curious about the enchanted book and wanted to uncover its secret. So, with a heart full of adventure, she sneaked into the library.

Isabella found the book and opened it carefully. Inside, there were pages covered with sparkling words that formed a story about a magical world. The story drew her in, and she felt as if she were a part of it.

As Isabella continued to read, the book turned into a portal, and she found herself in the enchanted world. Here, there were talking animals, dancing trees, and singing rivers. Everything was playful and wonderful.

Isabella spent her days exploring the enchanted world and her nights getting lost in the book's adventures. She learned magic from the magical creatures and understood that the book held a special power.

But with time, Isabella began to miss her family and friends in the village. She realized she needed to find a way back home.

After many attempts, she discovered that by completing a final task in the book, she could return.

Isabella gathered all her knowledge and courage, completed the task, and opened a portal back to the village. When she returned, she was rich in experiences and wisdom from the enchanted world.

The villagers couldn't believe their eyes when they saw her return from the mysterious book. They realized that Isabella had accomplished the impossible and broken the enchantment.

Isabella shared her adventures and the wisdom she had gained from the enchanted world. The book, once enchanted and forgotten, now became a treasure in the village's library.

So, the village continued to live in peace, with Isabella's adventures as a reminder that courage, curiosity, and wisdom can break enchantments and create miracles.

Den Glömda Musiken

I en tyst by, omgiven av skogar och sjöar, levde en gammal musiklärare vid namn Viktor. Viktor hade en gång varit en känd kompositör, men nu var hans musik bortglömd av världen, och han levde ett stilla liv i sin lilla stuga.

En dag när Viktor gick längs sjön, hörde han en svag, melodisk ton som flöt över vattnet. Han följde ljudet och upptäckte en förtrollande fiol som låg gömd i en gammal båt.

Viktor tog försiktigt upp fiolen och började spela. Musik flödade från hans fingrar som om den hade väntat på att bli befriad. Det var en ny, fantastisk melodi som fylldes med känslor och skönhet.

Inom kort hördes musiken över hela byn, och människor kom rusande för att höra den underbara melodin. De hade aldrig hört något så vackert. Viktor spelade med hjärtat och själen, och musiken kändes som en del av honom själv.

Nyheten om Viktors musikaliska återkomst spreds snabbt, och snart kom folk från hela landet för att höra honom spela. Viktor blev återigen en känd kompositör, och hans musik blev älskad överallt.

Men Viktor var inte längre intresserad av berömmelse. Han hade funnit sin sanna passion igen och visste att musiken var meningen med hans liv. Han fortsatte att komponera och dela med sig av sin musik till alla som ville lyssna.

Åren gick, och Viktor blev äldre, men hans musik blev tidlös. Han hade funnit den förlorade melodin som hade varit bortglömd så länge. Och genom musiken hade han återfunnit glädjen och meningen med sitt liv.

Så levde Viktor resten av sina dagar i sin tysta by, omgiven av musikens kärlek och människors tacksamhet. Han visste att musiken aldrig skulle glömmas bort igen och att den skulle leva vidare genom tiderna som ett evigt uttryck för skönhet och känsla.

The Forgotten Music

In a quiet village, surrounded by forests and lakes, lived an old music teacher named Viktor. Viktor had once been a renowned composer, but now his music was forgotten by the world, and he lived a quiet life in his small cottage.

One day, as Viktor walked along the lake, he heard a faint, melodious sound drifting over the water. He followed the sound and discovered an enchanting violin hidden in an old boat.

Viktor carefully picked up the violin and began to play. Music flowed from his fingers as if it had been waiting to be set free. It was a new, wondrous melody filled with emotions and beauty.

Soon, the music was heard throughout the village, and people rushed to hear the wonderful tune. They had never heard anything so beautiful. Viktor played with heart and soul, and the music felt like a part of himself.

News of Viktor's musical resurgence spread quickly, and soon people from all over the country came to hear him play. Viktor once again became a renowned composer, and his music was loved everywhere.

But Viktor was no longer interested in fame. He had rediscovered his true passion and knew that music was the purpose of his life. He continued to compose and share his music with all who wanted to listen.

The years passed, and Viktor grew older, but his music remained timeless. He had found the lost melody that had been forgotten for so long. And through music, he had rediscovered the joy and meaning of his life.

So Viktor lived out the rest of his days in his quiet village, surrounded by the love of music and the gratitude of people. He knew that his music would never be forgotten again and that it would live on through the ages as an eternal expression of beauty and emotion.

Den Magiska Trädgården

Längst bort i en stilla by, gömd bakom höga träd, fanns en magisk trädgård. Den som vågade trampa in i trädgården upplevde underverk som inte kunde förklaras. Men de flesta byborna hade glömt bort trädgårdens existens, och den var nu en bortglömd skatt.

En dag hittade en liten flicka vid namn Maja en gammal bok i sin farfars vind. Boken berättade om den magiska trädgården och hur man kunde finna den. Maja blev nyfiken och beslöt sig för att söka efter trädgården.

Med boken som guide begav sig Maja ut på sitt äventyr. Hon gick längs stigar och genom skogar tills hon nådde den hemliga platsen som beskrivits i boken. Där, bakom höga träd och övervuxna buskar, fann hon ingången till trädgården.

När Maja klev in i trädgården, öppnade sig en magisk värld framför henne. Blommor sjöng i mjuka melodier, träd dansade i vinden, och sjöarna reflekterade stjärnorna på dagen. Det var som om naturen hade kommit till liv.

Maja utforskade trädgården och upptäckte dess underverk. Hon mötte vänliga djur som kunde tala och växter som kunde helande. Tiden förlorade sin betydelse i trädgårdens lugnande atmosfär.

När Maja till slut beslutade sig för att återvända till byn, visste hon att hon skulle återkomma till trädgården många gånger.

Hon hade lärt sig att värna om naturen och att lyssna på dess hemligheter.

Maja berättade om sin upptäckt för byborna och delade med sig av sin vishet om trädgården. Snart återupptäckte byborna kärleken till naturen och började vårda sina omgivningar på ett nytt sätt.

Och så blev den en gång bortglömda magiska trädgården återigen en skatt för byn, en plats där människor kunde finna frid och uppleva naturens skönhet på ett förtrollande sätt.

The Magical Garden

At the far end of a quiet village, hidden behind tall trees, there was a magical garden. Those who dared to step into the garden experienced wonders that couldn't be explained. But most of the villagers had forgotten the garden's existence, and it had become a forgotten treasure.

One day, a little girl named Maja found an old book in her grandfather's attic. The book told the story of the magical garden and how one could find it. Maja became curious and decided to search for the garden.

With the book as her guide, Maja embarked on her adventure. She walked along paths and through forests until she reached the secret location described in the book. There, behind tall trees and overgrown bushes, she found the entrance to the garden.

As Maja stepped into the garden, a magical world unfolded before her. Flowers sang in soft melodies, trees danced in the wind, and lakes reflected the stars in broad daylight. It was as if nature had come to life.

Maja explored the garden and discovered its wonders. She met friendly animals that could speak and plants with healing powers. Time lost its meaning in the garden's soothing atmosphere.

When Maja finally decided to return to the village, she knew she would come back to the garden many times. She had learned to cherish nature and listen to its secrets.

Maja shared her discovery with the villagers and shared her wisdom about the garden. Soon, the villagers rediscovered their love for nature and began to care for their surroundings in a new way.

And so, the once-forgotten magical garden became a treasure for the village once again, a place where people could find peace and experience the beauty of nature in an enchanting way.

Den Modiga Lilla Fjärilen

I en färgglad blomstrande trädgård bodde det en liten fjäril vid namn Freja. Freja var inte som de andra fjärilarna. Hon hade vingar som var mindre och blekare än de andras, och hennes färger var inte lika livfulla. Men Freja hade en stor dröm.

Varje dag såg Freja de vackra blommorna i trädgården och önskade att hon också kunde bidra till trädgårdens skönhet. Hon drömde om att måla färgrika mönster på blommornas kronblad med sina små vingar.

De andra fjärilarna brukade skratta åt Freja. De sa att hennes vingar var för små och att hon aldrig skulle kunna måla blommor som de kunde. Men Freja var modig och envis. Hon visste att om hon följde sitt hjärta, kunde hon uppnå sin dröm.

En dag bestämde sig Freja för att försöka. Hon landade på en vit blomma och började försiktigt måla med sina små vingar. Hon skapade mönster med ljusa nyanser av rosa och gult. Det var inte så livfullt som de andra fjärilarnas konst, men det var hennes egen unika skapelse.

När de andra fjärilarna såg vad Freja hade gjort, tystnade de förvånat. De insåg att det inte handlade om storlek eller färgstyrka utan om passion och kreativitet. De började beundra Frejas arbete och ville nu lära sig av henne.

Snart målade Freja inte bara blommor utan även träd, stenar och vattendroppar. Hennes konst spred glädje och färg i hela trädgården, och alla växter och djur älskade att vara en del av hennes konstverk.

Freja hade bevisat att även den minsta och mest bleka fjärilen kunde skapa skönhet om hon följde sitt hjärta. Hennes mod och envishet inspirerade inte bara de andra fjärilarna utan alla i trädgården att följa sina drömmar, oavsett storlek eller färg.

Så levde Freja sitt liv som den modiga lilla fjärilen som hade förvandlat en enkel trädgård till ett konstverk av färg och glädje, och hennes dröm om att bidra till skönheten i världen hade gått i uppfyllelse.

The Brave Little Butterfly

In a colorful blooming garden, there lived a little butterfly named Freja. Freja wasn't like the other butterflies. Her wings were smaller and paler than the others, and her colors weren't as vibrant. But Freja had a big dream.

Every day, Freja would see the beautiful flowers in the garden and wish that she could contribute to the garden's beauty too. She dreamed of painting colorful patterns on the petals of the flowers with her small wings.

The other butterflies used to laugh at Freja. They said her wings were too small, and she could never paint the flowers like they could. But Freja was brave and determined. She knew that if she followed her heart, she could achieve her dream.

One day, Freja decided to give it a try. She landed on a white flower and began to paint carefully with her tiny wings. She created patterns with soft shades of pink and yellow. It wasn't as vibrant as the other butterflies' art, but it was her unique creation.

When the other butterflies saw what Freja had done, they fell silent in surprise. They realized that it wasn't about size or color intensity, but about passion and creativity. They began to admire Freja's work and wanted to learn from her.

Soon, Freja wasn't just painting flowers but also trees, rocks, and water droplets. Her art spread joy and color throughout the garden, and all the plants and animals loved being a part of her artwork.

Freja had proven that even the smallest and palest butterfly could create beauty if she followed her heart. Her courage and determination inspired not only the other butterflies but everyone in the garden to follow their dreams, no matter their size or color.

So, Freja lived her life as the brave little butterfly who had transformed a simple garden into a masterpiece of color and joy, and her dream of contributing to the beauty of the world had come true.

Den Lilla Stjärnans Dröm

I en avlägsen del av rymden fanns en ensam liten stjärna vid namn Stella. Stella skilde sig från de andra stjärnorna i universum. Hon drömde om att få besöka jorden och se dess skönhet på nära håll.

Varje natt, när alla andra stjärnor glittrade i himlen, tänkte Stella på jorden och dess många underverk. Hon drömde om frodiga skogar, glittrande hav och mänskliga äventyr. Men ingen annan stjärna i rymden hade någonsin besökt jorden.

Ett avlägset stjärnfall hade hört Stellas drömmar och beslutade sig för att hjälpa henne. Stjärnfallet gav Stella ett magiskt ämne som skulle göra det möjligt för henne att besöka jorden för en enda natt.

Stella blev överlycklig och tackade stjärnfallen. Hon började genast sin resa mot jorden. När hon kom närmare planeten började hon förvandlas till en glimrande stjärnstoft, redo att följa med jordens vindar.

När natten föll över jorden, sköt Stella ner från himlen som en lysande meteor. Hon landade försiktigt i en frodig skog. Där, bland träden och djuren, upptäckte hon skönheten på jorden.

Stella flög över glittrande sjöar, dansade med eldflugor och badade i det klarblåa havet. Hon njöt av varje ögonblick av sitt äventyr och kände sig levande som aldrig förr.

Men när gryningen nalkades, visste Stella att det var dags att återvända till himlen. Med en sista glimt försvann hon uppåt mot stjärnorna.

När hon kom tillbaka till rymden, tackade Stella stjärnfallen för deras hjälp. Hon berättade för de andra stjärnorna om sin drömlika resa till jorden och dess skönhet. Och från den dagen strålade Stella ännu ljusare på himlen, för hon bar med sig minnena från sin dröm om jorden, och de lyste upp universum med en extra gnista.

The Little Star's Dream

In a distant part of space, there was a lone little star named Stella. Stella was different from the other stars in the universe. She dreamed of visiting Earth and seeing its beauty up close.

Every night, when all the other stars glittered in the sky, Stella thought about Earth and its many wonders. She dreamt of lush forests, sparkling oceans, and human adventures. But no other star in space had ever visited Earth.

A distant shooting star had heard Stella's dreams and decided to help her. The shooting star gave Stella a magical substance that would allow her to visit Earth for a single night.

Stella was overjoyed and thanked the shooting star. She immediately began her journey towards Earth. As she got closer to the planet, she started to transform into shimmering stardust, ready to ride the winds of Earth.

When night fell over Earth, Stella shot down from the sky like a brilliant meteor. She landed gently in a lush forest. There, among the trees and animals, she discovered the beauty of Earth.

Stella flew over sparkling lakes, danced with fireflies, and bathed in the crystal-clear sea. She savored every moment of her adventure and felt alive like never before.

But as dawn approached, Stella knew it was time to return to the sky. With one final sparkle, she disappeared upwards towards the stars.

When she returned to space, Stella thanked the shooting stars for their help. She told the other stars about her dreamlike journey to Earth and its beauty. And from that day on, Stella shone even brighter in the sky because she carried the memories of her dream of Earth, and they lit up the universe with an extra spark.

Den Modiga Draken

Långt, långt borta i en värld där drakar fortfarande fanns, levde en ung drake vid namn Erik. Erik var inte som de andra drakarna. Han var mindre och hade mjuka, pastellfärgade fjäll istället för de skarpa, eldiga nyanserna som de äldre drakarna hade.

I drakarnas samhälle förväntades varje drake att kunna andas eld och skrämma människor, men Erik hade aldrig lyckats tända en enda låga. Han var förlägen över sin förmåga och kände sig annorlunda.

En dag hörde Erik talas om en magisk plats där en vis trollkarl sa att han kunde hjälpa honom hitta sin sanna styrka. Erik bestämde sig för att bege sig till trollkarlens grotta i skogen och söka hans hjälp.

När han träffade trollkarlen, frågade denne vad Erik önskade mest av allt. Erik svarade, "Jag vill vara en riktig drake och kunna andas eld som de andra."

Trollkarlen log och gav Erik en glödande sten. "Det här är nyckeln till din kraft," sa trollkarlen. "Men kom ihåg, din sanna styrka ligger inte i elden utan i ditt hjärta och din övertygelse."

Erik tog emot stenen och kände dess värme sprida sig genom honom. Han förstod nu att det inte handlade om att vara som de andra drakarna, utan om att vara sig själv och tro på sig själv.

När han återvände till drakarnas samhälle, var han fast besluten att visa att han var en riktig drake. Han lade stenen på marken och koncentrerade sig. Plötsligt brann stenen med en klar, gnistrande låga.

Erik insåg att han nu hade funnit sin egen unika kraft, och den var vacker på sitt eget sätt. Han använde sin eld för att hjälpa andra och skydda skogen istället för att skrämma människor.

De andra drakarna såg nu upp till Erik och insåg att det inte handlade om att vara som alla andra, utan om att vara modig och tro på sig själv. Erik hade blivit den modigaste av dem alla, och han visste att sann styrka kom från hjärtat.

The Brave Dragon

Far, far away in a world where dragons still existed, lived a young dragon named Erik. Erik was not like the other dragons. He was smaller and had soft, pastel-colored scales instead of the sharp, fiery shades that the older dragons had.

In the dragon society, every dragon was expected to breathe fire and scare humans, but Erik had never managed to ignite a single flame. He was embarrassed about his ability and felt different.

One day, Erik heard about a magical place where a wise wizard claimed he could help him find his true strength. Erik decided to journey to the wizard's cave in the forest and seek his help.

When he met the wizard, the wizard asked what Erik wished for the most. Erik replied, "I want to be a real dragon and breathe fire like the others."

The wizard smiled and gave Erik a glowing stone. "This is the key to your power," said the wizard. "But remember, your true strength doesn't lie in fire but in your heart and your belief."

Erik accepted the stone and felt its warmth spread through him. He now understood that it wasn't about being like the other dragons but about being himself and believing in himself.

When he returned to the dragon society, he was determined to show that he was a real dragon. He placed the stone on the ground and concentrated. Suddenly, the stone burned with a bright, sparkling flame.

Erik realized that he had found his own unique power, and it was beautiful in its own way. He used his fire to help others and protect the forest instead of scaring people.

The other dragons now looked up to Erik and realized that it wasn't about being like everyone else but about being brave and believing in oneself. Erik had become the bravest of them all, and he knew that true strength came from the heart.

Den Magiska Djungelresan

I hjärtat av en frodig djungel, bland höga träd och kvittrande fåglar, bodde en ung flicka som hette Maya. Maya älskade djungeln och var nyfiken på dess hemligheter. En dag bestämde hon sig för att ge sig ut på en spännande resa djupt in i djungeln.

Maya packade en ryggsäck med förnödenheter och begav sig iväg på sin äventyrsresa. Hon mötte snart en vänlig apa vid namn Milo, som erbjöd sig att vara hennes guide i djungeln.

Tillsammans utforskade Maya och Milo djungelns underverk. De såg färgglada fåglar, lekfulla lemurer och stora elefanter som vandrade genom skogen. Djungeln var full av liv och skönhet.

Under sin resa lärde Maya sig att överleva i djungeln. Hon lärde sig att hitta mat och vatten och att bygga ett säkert skydd för natten. Hon blev vän med djuren och lärde sig deras språk.

Men en dag hamnade Maya och Milo i svårigheter när de stötte på en stor, vild tiger. Tigeren var hungrig och hotfull, och Maya visste inte vad de skulle göra.

Då kom det en äldre elefant vid namn Raj till undsättning. Raj talade med tigern och bad om nåd. Han förklarade att Maya och Milo inte var något hot och bad om att få tigerens välsignelse.

Tigern, som var imponerad av Raj och hans vishet, gav sitt samtycke, och de tre kunde fortsätta sin resa i djungeln. Maya lärde sig vikten av att förstå och respektera djungelns invånare.

Till slut kom Maya och Milo tillbaka till utkanten av djungeln, där de hade börjat sin resa. Maya hade lärt sig mycket under sin tid i djungeln och kände sig närmare naturen än någonsin.

När hon återvände till sitt hem berättade hon för alla om sina äventyr i den magiska djungeln. Hon insåg att naturen var något som måste bevaras och skyddas, och hon svor att alltid vara en god förvaltare av skapelsens under.

The Magical Jungle Journey

In the heart of a lush jungle, among tall trees and chirping birds, lived a young girl named Maya. Maya loved the jungle and was curious about its secrets. One day, she decided to embark on an exciting journey deep into the jungle.

Maya packed a backpack with supplies and set off on her adventure. Soon, she encountered a friendly monkey named Milo, who offered to be her guide in the jungle.

Together, Maya and Milo explored the wonders of the jungle. They saw colorful birds, playful lemurs, and large elephants wandering through the forest. The jungle was teeming with life and beauty.

During her journey, Maya learned how to survive in the jungle. She learned how to find food and water and how to build a safe shelter for the night. She befriended the animals and learned their language.

But one day, Maya and Milo found themselves in trouble when they encountered a large, wild tiger. The tiger was hungry and menacing, and Maya didn't know what to do.

Then, an elderly elephant named Raj came to their rescue. Raj spoke to the tiger and pleaded for mercy. He explained that Maya and Milo were not a threat and asked for the tiger's blessing.

The tiger, impressed by Raj and his wisdom, gave his consent, and the three of them were able to continue their journey in the jungle. Maya learned the importance of understanding and respecting the jungle's inhabitants.

Eventually, Maya and Milo returned to the outskirts of the jungle, where they had begun their journey. Maya had learned a lot during her time in the jungle and felt closer to nature than ever before.

When she returned home, she shared her adventures in the magical jungle with everyone. She realized that nature was something that must be preserved and protected, and she vowed to always be a responsible steward of the wonders of creation.